비밀의 문

한국작가 작품선 · 85

비밀의 문

모순하 제2시집

한국작가 출판부
지성의샘

시인의 말

그립고 행복한 것도
마음이 만들었다
하늘에서 울고 있는 건
눈물의 흔적
사람들마다 이름이 있고
향기와 소리는 제각각
시인이라는 이름이 있어
나는 행복하다

다시 시집을 상재하며 두려움이 엄습했다
기쁨은 멀리서 손짓하며 다가오고
설렘은 내일의 빛

태양 아래 숨겨둔 아침 이슬
그것은 가족의 훈훈한 울타리였다

넘어질 때마다 손잡아 주며 이끌어 주신 K선생님과
행복을 나눌 수 있는 동료와 함께 하고 싶다.

2016년 가을 저자

◆ CONTENTS ◆

■ 시인의 말 _ 5

 보이지 않는 이름 __ 11

내 마음 어디에 _ 12
시집을 보면서 _ 13
시인 _ 15
시인의 마음 · 1 _ 16
시인의 마음 · 2 _ 17
보이지 않는 이름 _ 18
누군가 말해 줬으면 _ 19
벚꽃 _ 21
꽃을 보면서 _ 22
가슴의 꽃 · 1 _ 23
가슴의 꽃 · 2 _ 24
가슴의 꽃 · 3 _ 25
생명 _ 26
연필 _ 27
반딧불이 _ 28
웃음 _ 29
어린이집 _ 30
신호등 _ 31
비밀의 문 _ 32
모습 _ 33

◆ CONTENTS ◆

 내가 너였으면

비타민 _ 36
자원 _ 37
거울 _ 38
연필 _ 39
터전 _ 41
자화상 _ 42
마력 _ 43
기도 _ 44
두려움 _ 45
자동차 _ 46
한 살 더 먹으면 오십인데 _ 47
말없이 떠난 사람 _ 49
남편의 거짓말 _ 50
해를 그리던 날 _ 51
여름 _ 52
내가 너였으면 _ 53
이야기 _ 55
행복한 사람 _ 56
여름 _ 57

◆ CONTENTS ◆

 꿈을 버리는 사람들

삽다리 그곳 _ 60
소풍 _ 63
신혼 부부 _ 64
여름 한낮 _ 65
딸에게 _ 66
손주 _ 68
손자를 생각하며 _ 70
엄마 생각 _ 71
어머님 생신 _ 72
바보 _ 73
나의 가게 _ 74
기다리는 그날 _ 75
옷가게 _ 76
꿈을 버리는 사람들 _ 77
시 _ 79
눈물의 집 _ 80

◆ CONTENTS ◆

비 오는 날

봄 이야기 _ 84
그 해 여름 _ 85
단비 _ 86
비 오는 날 _ 87
가을 _ 88
바다는 _ 89
마음이 그린 세월 _ 91
욕심 _ 92
기쁜 이별 _ 93
아침을 밟는 사람들 _ 94
사랑하고 싶다 _ 95
뒤돌아선 그림자 _ 96
그림자에게 _ 97
행복의 근원 _ 98
마음 읽어줘 _ 99
너로 인하여 _ 101
너도 마찬가지 _ 102
여행길 _ 103
갱년기 · 1 _ 104
갱년기 · 2 _ 105
갱년기 · 3 _ 106

1

보이지 않는 이름

내 마음 어디에
시집을 보면서
시인
시인의 마음 · 1
시인의 마음 · 2
보이지 않는 이름
누군가 말해 줬으면
벚꽃
꽃을 보면서
가슴의 꽃 · 1
가슴의 꽃 · 2
가슴의 꽃 · 3
생명
연필
반딧불이
웃음
어린이집
신호등
비밀의 문
모습

내 마음 어디에

내 마음 어디에 서성일까

숨겨도 숨겨도
보이는 건 마음

담아도 담아도
담지 못하는 마음

보이지 않는
내 마음은 어디에

시집을 보면서

눈부신 반짝임
눈마저 멀게 하고
가슴 파고 든다
곱씹어도 달콤함 잊지 못해
전율마저 흘러
아직도
벗지 못한 그 이야기
생명의 숨소리
그릇에 담아
창으로 들어온 빛
따스함 살아 있어
그리움조차 사라진 마음

시인

장미꽃을
꺾지 못했습니다
아파서 울어 버릴까봐
애처로운 모습에
차마
꺾지 못했습니다

엄마가
생선구이를 해도
먹지 못했습니다
눈물이 앞을 가로막아
도마 위에 생선
차마 먹지 못했습니다

가끔은 하늘도 산도
답답했습니다
언어에 시인의 마음은
캄캄한 밤이었습니다

시인의 마음 · 1

마음이 보일까
글을 쓰지 못했습니다

까만 밤
하얀 밤 비추고 나니
햇빛이 들어와 헤엄칩니다

아직도 보이지 못한
까만 밤이 아파합니다

하얀 밤은 주렁주렁
세상 밖에서 색깔을 보입니다

까만 밤이
부끄러움이 보일 때
향기 없는 꽃이 되어
지치고 힘들 때
소리 없이 내려와

뛰는 길보다
걷고 있는 이 길이
여린 가슴의 선율이라고

시인의 마음 · 2

행복 그리지 못해 울고
슬픔 보내지 못해 울고

사랑 꺼내지 못해
마음 꺼내고 싶어

저 넓은 바다
안아줄 수 있다면
가야할 길 보이지 않지만
마음 비우리라

보이지 않는 이름

녹어 버리는 얼음
달리고 있는 삶
신나게 세상 활주
아래선 녹고 있음을
저마다 헛된 꿈 꾸면서
아파야 아픔 알 듯
인생은 미끄러지듯
이름 석 자 새겨
보이지 않는 이름

누군가 말해 줬으면

세상은 넓고
배움은 가깝기만한 것을
책 속에 배움의 길이 있다는 걸
이제 알았네

철없이 뛰어놀던
좋은 시절은 지나가고
멀고도 험난한 길
뒤돌아보니
좋았던 기억만 소용돌이 치네

하얗게 잠 못 이루는 밤
별 하나 심고
달님에게 소원 말하면
누군가 마음이 통하는 사람이
햇님에게 내 마음 밝혀 달라고
빌어 줬으면
희망을 갖고 꿈꿀 수 있을 텐데

벚 꽃

눈이 내렸다
따뜻해도 녹지 않고
나뭇가지에 매달려

바람 불면 춤을 추며
나뭇가지에 내려와

하얗게 더 하얗게
나뭇가지에 앉아서

모두들 넋 나간 모습으로
쉬었다 갈 때면

너도 나도 행복은
내일을 그리고
오늘은 미래를 그리며

봄눈은 소리 없이
가슴에 담고
또다시
봄눈이 오길 기다린다

꽃을 보면서

어제는 웅크리고 있던 너
오늘은 활짝 미소 짓네
추운 겨울 이겨내고도
꿋꿋이 나타나기까지의 행복은
꽃으로 피어나 향기로 전해 주는구나

멀리서도 너의 향기는
가는 길 멈추게 하고
향기에 반해 입 맞추면
너도 나도 질투라도 하듯
꽃봉오리 터트리며 바라보니
그 모습이 사랑스러워
물 한 모금 주면서
오래도록 함께하자고 하는 동안
봄이 와르르 쏟아져 봄날이 가내

가슴의 꽃 · 1

새벽녘 이슬 잠 깨우고
꿈속 헤매다 아침 맞이하면
굳어져버린 마디
서러움 이슬되고
웃음은 햇살
꽃을 피우기 위해
상처 어루만지며
쌓여만 가는 숫자
기다린다 가야 한다
묻지 않아도
온몸 향기는 벌을 부르며
한 송이 두 송이 가슴에 달고
돌아오는 길
바람에 먼저 날리며
멈추지 않는 숫자
그릴 수 있는 옛 풍경
먼 훗날 부끄럽지 않는 인생인 것을

가슴의 꽃 · 2

봄이 오는 길목에서
꽃도 말하는데
사람의 마음은 피지 않고
지지도 않는다

꽃은 향기를 주고
마음은 사랑을 주는데
무심히 지나가버린 세월
먼발치에 서성일 때
꽃향기는 나를 부르지만
가슴만 타버린 지금
사랑 하나 심는다

가슴의 꽃 · 3

향기가 없다고 꽃이 아닌가요
보이지 않는다고 아름다움이 없나요

소리로 듣고
눈으로 말하며
몸으로 움직이는데
피어날 때 소리가 없어도

백년의 향기를
갖는 너는
영원히 지지 않는다

생 명

하늘에서 내려준
요소 요소 생명 불어넣은
살아가는 신비의 맛
온몸으로
가슴으로
살아 있음을
행복 부풀려
사랑은 익어가고
아무도 느끼지 못하는
어리석음

연필

울고 있는 너
슬픈 마음 그리고
때로는 달려와
행복 심어 놓고
가끔 옷깃 건드리며
세상 이야기 수놓고
한참을 멍하니 서 있는
기억 속 사라져간 추억
백지 위 영혼 심고
그리 뿌리며 살아가리

반딧불이

밝은 미소로 문을 열면
지지배배 노래하고
서로의 마음을 배우고

칭찬과 채찍질
사랑의 마음
쓴맛 단맛 어우러질 때
소리 없이 내리는 양식은
소복이 쌓여가고
식탁 향기로
세상 물들이고

꿈을 꾸며
봄에 태어난 둥지
사랑스런 눈길로
세상을 열어 줍니다

웃음

곤히 잠든 날
태풍이 몰아친 건
매운 손바닥

어이없이 웃었지만
세월이 만든 일
딸이 아닌 손주

넘치는 홍수도
태풍도 그저
받아들이며
하루 몇 번씩
웃음꽃을 피운다

어린이집

엄마 품 찾아
대문 나서면
가는 길
오는 길
토끼 발자국
대문 앞 서성이는 엄마
포근함 가슴에 달고
호기심 많은 토끼
쫑긋 올린 마음
넓은 정원
날개 꿈 펴고
이곳저곳
뿌리 내린다

신호등

깜박이는 눈
춤추는 사람
눈 마주치면
서로 질세라 뛰어간다
불 속으로 들어가는 사람들
신음 소리 세상 흔들리고
멈출 수 없는 빗방울
이름만 남기고
늦어버린 후회

비밀의 문

마음은 그곳에 서성이다
혼자서 웃는 건
행복해지려고
혼자선 웃는 건
가슴의 문 열려고

가슴이 답답하면
모향의 길을 잠시 나선다
가끔은 비밀의 장소로 들어와
갇혀 있던 마음의 문 연다

꽃노을 흐른 뒤
흔적에 젖어
거닐고 나면
아무도 모르는
비밀을 만들고 있다

모습

웃고 있는 모습이
행복한 건 아닙니다

눈물 흘린다고
슬픈 것만 아닙니다

네 곁에 있으면 가슴이 뛰고
세상이 살아 숨 쉬는 것을

오래도록 내린 비는
너의 눈물이란 걸

돌아선 모습 위로
내리는 달빛을
보았는지
그날

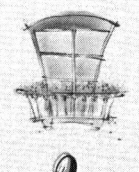

2

내가 너였으면

비타민
자원
거울
연필
터전
자화상
마력
기도
두려움
자동차
한 살 더 먹으면 오십인데
말없이 떠난 사람
남편의 거짓말
해를 그리던 날
여름
내가 너였으면
이야기
행복한 사람
여름

비타민

눈을 뜨면 먹는다
먹어도 배부르지 않고
에너지 필요해
온몸의 기운 받아
일상생활 꽃을 피워
정을 나눈다

오늘도
내일도
비타민은 질리지 않아
할머니가 된 나처럼
너도 비타민을 먹겠지

자 원

하늘 높이 솟아오른 산
사연 담고 찾아오고
그곳에 주인된다
거부하지 않는 인생
하나 둘 쌓여가는 행복
멀리서 흐뭇해 하는 지휘자
내일도 악보를 그리며
먼 산 바라본다
버려진 사연
생명을 불어넣어
밝은 세상으로 내보낸다

거울

사랑한다고 해놓고
살면서 미워만 합니다
당신뿐이라 해놓고
당신도 긴 세월을
자식만 사랑합니다
당신도 긴 세월을 보냈구려
미안하다고 하니
사랑합니다
당신 얼굴에서 저를 보았습니다
남은 인생 아끼며 살자고
당신과 사랑한
그날이 그립다고
그리운
그리움은
나를 투영하는
그림자로 남고

연필

새콤한 말
달콤한 말
꿈틀거리며 나오는 이야기
서로 다른 마음으로 뛰어갈 때
멈춰야 할 곳 헤매일 때

악보는 춤을 추며
화려하게 치장하고
나풀거린다

저마다 영혼 심어
씨앗은 뿌리 내려
열매로 태어난다

터 전

문을 활짝 열고 향기를 품어 봅니다

날아오를 나비 떼들
꽃송이마다 앉아 이야기하고
이리저리 날아다니며
꿀맛을 봅니다

여왕벌은 송이 송이마다
생명을 불어넣어 주면
나비와 꽃은 하나 되어
세상 구경하지요

오래토록 꽃송이는
머무르지 않고
사랑으로 피어납니다

자화상

화사한 벚꽃 길은 내 마음 같다
너를 감당할 자신이 없었던 봄
잠시 지상에 왔다가는 이별은 가혹하지만
하나의 모습으로 피어나 사랑을 전하니
이 봄 너의 향기에 벚꽃나무 아래 쓰러지다

거울 앞에 내 모습을 보니
꽃처럼 탐스런 손주가 보이네
재롱 떠는 모습에 질투가 생겨
하루가 멀게
내 마음 설레게 하는 건
사랑이었다

마력

그대는 가슴속 깊이
가득 물들인 사람입니다

보고 싶다고 말해도
답이 없고
사랑한다고 말해도
움직임이 없는 사람입니다

그대는 향기만 풍기는 사람
그래서 그댈 잊을 수 없나 봅니다

사랑은 빛으로 왔다가
시야를 온통 연기로 물들이고
온 세상까지도 뿌옇게 보이게 하는
사랑의 마력자입니다

기도

세상이 물 흐르듯
흘렀으면

헝클어진 실가락
상처 없이 태어나고

아침에 눈을 뜨면
축복 가득
바구니에 쌓아 나누고

눈물보다
미움보다
보는 사람
내일이 있었으면

두려움

별들이 하얗게 돋아나 있었다
별을 잊고 살았나 보다

혼자 슬프고 기뻐하며
행복한 것은 혼자만 열심히 사는 줄 알았는데
밤과 낮도 모르고 살아온 날이
되돌아보니 이제야 철이 드나봅니다

당신의 마음을 볼 수 있고
다른 이의 마음까지도 보여
이제 안아줄 수 있는
여운이 있으니 말입니다

나만 그런 줄 알았네
세상이 어둡다고 검게 바라보았던 시간이
가슴으로 전해 오는 것을 보니
세상도 나도 변하고 있음은
두려움입니다

자동차

너와 함께 가자
신호등을 지키는 벙어리
가끔은 소리 지르고
부서져 나가는 몸체들
눈물보다 지키지 못한 약속
후회는 뒷걸음치고
다시 시작하는 너는
아이로 돌아가
신발을 신고 싶다

한 살 더 먹으면 오십인데

마음은 달리기를 하고
행동은 걸음마를 하고 있네
뒤돌아서 걸어가면 추억이 숨쉬고
앞만 보고 걸어가면
어둠이 내린다
무엇을 내려놓고
무엇을 올려놓아야 하나
어깨에 메고 있는
멍에가 무겁기만 하다
인생의 보따리 눈물이고
담아 놓자니 태산이다
한 살 더 먹으면 오십인데
나를 위해 죽고, 살고
꿈을 꾸기 위해
꿈을 그리고 있다

말없이 떠난 사람

가슴이 먹먹해 이제
울음 한 번 내지 못하고
그는 떠났다

간다는
온다는 말도 없이
많은 사연 내려놓지 못하고
품고 사는 괴로움
잊고 싶어 소리 없이 떠났다

그를 아는 사람
낙엽이 떨어지듯
떨어진 낙엽에게 하고 싶은 말

그렇게
씨앗 뿌리고
가슴에 가시로
아팠던 지난날

태양도 바람도
세월 따라 가버린

남편의 거짓말

하늘이 파랗다고
세상은 향기로 가득하다고
봄은 온다고 말하고
가을은 간다고 한다

하루는 시작하고
내일은 올거라
떠나버린 세월
반을 보내고서야
오고가는 것을 잊고 산다

해를 그리던 날

온몸 메말라 가고
비명조차 없이 시들해지는 조각

해는 또다시 첫 울음소리를 내며
세상을 말한다
굶주림은 영혼을 그리고
달콤함은 가시밭 서러움이라

그리움은 만남 그리고
파고드는 열매
누가 파헤치나
간직하고픈 씨앗 하나
가슴속 숨겨 놓지 못하고
하나 둘 사라진다

여름

쉬었다 가세요
메마른 땅도 적시고
힘든 삶도 잠시 놓고 가세요
이곳저곳 추억 만들며
두텁던 마음 놓고
훌훌 털어
물 위에 띄우고
바람으로 실려보내요
빗줄기 따라 내려온 여름
열두 달 고마운 표시인가
온 가족 행복 담아
먼 훗날 먹구름 지던 날
영화를 찍으렵니다

내가 너였으면

향기를 품겠습니다
웃음으로 답하고
미소로 말하렵니다

인생을 노래하고
걸어가는 길목엔
따뜻한 마음 심어놓고
그 길을 걸으렵니다

빵빠레 울려 세상을 깨우렵니다
빗물은 진주가 되고
눈이 내릴 땐
그대와 나
눈사람 되어 하나가 되렵니다

이야기

커피 한 잔에
마음 한 스푼 넣으면
낭만이 살아나고

가슴 시린 날
커피 한 잔 마시면
커피 구름
뭉게뭉게 피어오르고

쓴맛
커피 한 잔
삶의 이야기 가득하다

행복한 사람

찾는 사람 많아 행복하고
아낌없이 주고픈 사람 있어
마음 따뜻하다

흐르는 물 위에
예쁜 마음 실어
메마른 땅
촉촉이 적셔주면
꽃잎도 춤을 추고
바라보는 사람 흥겨워
웃음 보이면

마음은 받는 것보다
주는 것이 행복하다고

여름

빗줄기 타고 온 태양
너도 나도
볼연지 찍고
익어가는 열매

질투로
향기 품으면
바람 따라 춤을 춘다

열매는 내일을 펼치며
태양 아래 추억 만들고

여름이 익어가는 하루는
그리운 엄마 품속
천사 얼굴

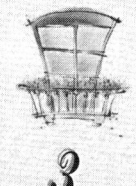

3

꿈을 버리는 사람들

삽다리 그곳
소풍
신혼 부부
여름 한낮
딸에게
손주
손자를 생각하며
엄마 생각
어머님 생신
바보
나의 가게
기다리는 그날
옷가게
꿈을 버리는 사람들
시
눈물의 집

삽다리 그곳

별이 빛나던 꿈 많던 그곳
못 다준 사랑만 기억하리

약속이나 한 듯
먹을거리 손에 한가득

여름 달랬던 곳
수다와 정이 싹트고
정보 주고받던 그곳
소박하고 정겹다

팬티 하나 입고
수영했던 삽다리
아직도 눈시울이 그립다

겨울이면 썰매 타고
모닥불 피우다
온몸 태우던 추억
가끔 몸이 서글퍼
그곳을 찾곤 한다

가난했던 시절
과일 하나도

서리해야 먹던 시절
가슴 행복했기에
지금도 옛 추억 잊지 못해
가슴 문이 닫혀 있을 때
고향 그리움 더 고백할 걸

소풍

여행을 하고 나서
봄이 온 것을

꽃향기 맞고
봄의 손짓을

봄눈이 내려
밝은 세상 그리며
어느새
가슴에도 봄이 피어올라
웃음 짓는 소리가

가끔은 봄도 느끼지 못해
마음이 얼어 있을 때
고드름되어
오래도록 매달려
눈물 흘리는 동안

봄은 몽글몽글 안개되어
온 세상 가득 채우며
햇살 따라 간다

신혼 부부

지천명은 또 어떠하겠는가
흔적을 남긴 모기
가려움 이기지 못해
갈퀴질 하면
상처가 두려워
건드리지 못하게 하고
아기되어 애교 부리며
죄도 아닌데
미안한 눈빛으로 말한다

세월 흐르면
가슴에 비가 내려도
땅은 가뭄으로
숨 가쁘게 흘러가는
세월의 무게가 무겁다

얼은 가슴 녹지 않아
세월 속 그릇 담아
철없던 풋향기
바람과 여행하며 속삭인다

여름 한낮

잔잔한 연못에
바람이 찾아와

흔들어 깨우면
연잎 위 개구리
피아노 치고
갈대는 춤을 추며
새들은 노래 부릅니다

지나가는 아이
동화 속의 주인공되어
노래 부르면
연못 아이들 깜짝 놀라
큰 소리로 합창합니다

세상은 온통 웃음꽃 피고
환하게 비춰지는
여름 한낮 꿈을 꾸며
태양은 마음을 접고
추억은 눈 속에 그리며
깊어가는 여름은
이렇게 흘러가고

딸에게

너의 환한 얼굴 보면
아팠던 것보다
그리운 추억 떠오르니
시간이 약이다

하고 싶은 게 많아
원망도 많았던 엄마는
시집이라고 빨리 가버리면
할머니 어깨
가벼워질 거라며
볼멘소리 했었다

기억력 흐려진
할머니 머리 위에
새하얗게 서리 내리고
호통 소리 약해졌지만
한 장 한 장 달력 넘기며
기념일 챙기는
살가움은 여전하고
7남매와 함께했던
아스라이 멀어져간 때를 추억하는
할머니의 숨결엔 그리움이 묻어 있다

사랑과 정성으로
엄마 생일 기억하는 딸아
나도 어느새 할머니를 닮아간다

손주

달이 반쪽
붙어 달라고

지나가는 구름
타고 싶다고

바람이 간지럼 핀다고
할머니 이마
이슬 맺힌다

소식 없이 내린 비
손주는 화나고

우산 속 새로운 세상
장난꾸러기

빗물 밟고
사라진 발자국
찾아 달라고 떼쓰는
손주는 어릴 적 나였다

별도 숨어 버리면
찾아내는 손주

하나 둘 셋 밤이 새도록
넷은 언제
아침이 밝아지면
숫자는 태어날 거야

손자를 생각하며

바보 할머니
세상을 울리던 첫 울음
사랑이었다

미소는 떠다니는 구름이고
울음은 마음을 움직이는 보석이었다

손짓하지 않아도
부르지 않아도
가슴으로 짜릿하게 흐르는 감동은
천사이기에
미소와 울음으로
시간을 멈추게 하는 마술사

일에 파묻혀 힘들어도
웃음을 구걸하지 않아도
너를 바라보는 것 하나로
사랑의 싹은 피어나고
우리 집에도 봄이 왔구나

엄마 생각

힘들고 고독할 때 눈물이 난다
누가 엄마 얼굴에 줄긋기를 했는지
머리 위에 쌓여만 가는 흰 눈은
녹아버릴 줄 모르고
엄마의 마음을 아프게 하고 사라졌다

봄 햇살이 손짓하며 부르면
수줍게 미소 짓던 엄마는
어느덧 햇살도 두려워
숨어버리는 그 모습에
눈물이 난다

하루가 모자라
내일을 빌려오고 싶다던
그날은 사라지고
이제나
저제나
그리움의 그림자만 밟고 있다

어머님 생신

칠십구 세 생신

기다림은 온몸으로 시달리며
밤새 무엇했길래
새벽녘에 잠시 누워 계신다
멀리서 찾아온 자식
고달픈 핑계로
어머님 생신을 잊어버린 채
불평만 늘어놓고
축복하고 편안한 마음으로
당신을 안아드려야 하는데
자식이란 부모 앞에서
어쩔 수 없는 불효자식
있어만 주면 좋으련만
몸으로 말하는
어머님이 내겐….

바보

바보가 되었네
아침에도
저녁에도
기다리면 올 거라고
소원하면 이루어질 거라고

바보는
붓을 든
화가가 되었네
마음속 도화지에
그림을 그렸네

나의 가게

문만 열면
꽃향기
작은 정원에서
벌 나비
하루 종일
술래잡기합니다

한 아름 꺾이어
휑한 빈 자리
허리 구부려
꽃씨를 뿌립니다

가득 핀 꽃만큼
삶도
웃음도
활짝 필 것이기에
날마다 꽃밭에
희망을 뿌립니다

기다리는 그날

부자가 되고
훌륭한 사람이 되고
부모님께 효도하려면
그저
어른들 말씀만 잘 들으면
되는 줄 알았다

하지만 모든 게
생각대로 되지 않는다고
세월이 가르쳐 준다

끝없이 이어진
길 위를 달리다
잠시 멈춰
뒤돌아보니
떨어진 잎사귀에
살아온 흔적

비바람에 흔들려도
모진 고통
이겨낼 수 있는 건
꽃 피고 열매 맺힐
그날을 기다리기에

옷가게

아름다움이 채색된 탓인지
물들어 버린 옷들이 웃으며
손짓하며 소리친다

우수수 떨어진 낙엽 주우러
발로 밟고 손으로 만지니
몸으로 느껴지는 것은
마음을 헤아린 듯 바람 따라 흐른다

익어가던 몸의 수증기
찾을 길 없고
향긋한 가을
온몸 낙엽으로 덮일 때
여름이 떠나버린 것을 알았다

가슴도 익히고
멀미나게 두통 일으키던 몸
파도로 식혀야만 했던
긴 여름

하나씩 물들이는 동안
헤픈 시간 쏟아버린 너는
계절로 소리 없이 찾아왔다

꿈을 버리는 사람들

꿈을 끌고 간다
둥그런 꿈 버려진 채
가족적 체취가 배어 있는
허름한 빨랫줄에 연연한다

굴절이 때론
눈사람이면 좋았을 것을
녹아 버리면 좋았을 것을
나지막하게 숨을 죽이며
우주를 향해 손을 뻗어본다

꿈은 목숨이 여러 가지인가 보다
죽었다 살았다 하며
때론 비명 지르며 찾아오기도 하고
잡아보면 잡히지 않아 허우적거릴 때
어디선가 꿈은 날 보며 웃어 준다

시간이 늦은 길
잘못 들어선 길이지만
돌부리 넘어져 어긋난 상처로
꿈을 발견하니
한나절 햇살 접는
꿈을 버리는 사람들

시

오래도록 기다렸나 보다
뿌연 안갯속 찾아온 너
별보다 아름다워
그토록 내 곁에 놀았건만
널 보지 못했네

가슴 닿으면 녹아 버리고
손으로 만지면 사라지고
영혼으로 널 부르며
말하면 찾아오네

그 속세의 세상을 읽었다

구름도 잡아보고
심장도 하늘 높이 날려도 보고
어린아이가 되어 물장구도 쳐보고
그와 함께 온몸 식어가는 그날까지
가시밭길 소용돌이친들
제자리에 서 있는 것을 깨우친다

눈물의 집

이력서를 채우고 싶지 않다
채워도 채워도 채워지지 않는
과대망상에 젖고 싶지 않다

동전 한푼 이삭 줍듯
어머니
가르침 해독하느라
가끔은
고향 훔친 죄로 진통을 겪는다

해질녘 어머니 목소리
정겹다 못해 품속 안기고
허기진 배 가득 채운 탓인지
온몸 열꽃으로 어머니가 된다

등잔불 아래 어머니
게슴츠레한 눈
소쿠리 가득 꿰매이던 옷
목메이게 그립습니다

그날이 그리운
그 소중함이 있어
눈물 그리며 가슴 그리며

그 시절 그리워
눈물의 집을 짓습니다

4
비 오는 날

봄 이야기
그 해 여름
단비
비 오는 날
가을
바다는
마음이 그린 세월
욕심
기쁜 이별
아침을 밟는 사람들
사랑하고 싶다
뒤돌아선 그림자
그림자에게
행복의 근원
마음 읽어줘
너로 인하여
너도 마찬가지
여행길
갱년기 · 1
갱년기 · 2
갱년기 · 3

봄 이야기

노란꽃 노란 소리
파란꽃 파란 소리
저마다 무지갯빛
이야기 들려준다

비가 오면 빗물에 세수하고
바람 불면 바람에게
살랑살랑 애교 부리며
돌아오는 봄이 오면
다시 만나자고
활짝 웃어 주는
무지개꽃들

노란꽃 노란 소리
파란꽃 파란 소리
봄 향기로 세상 적셔 준다

그 해 여름

그 해 여름 내 사랑은
짙은 안개 속처럼
눈가에 이슬 맺혔다

가을은 오는데
가을 색채만큼
누가 내 마음을 열어줄까

저 밝은 달빛만큼
안으로만 우는 안개처럼
누가 내 세상을 밝혀줄까

뿌연 기억들을 불러놓고
이제야 하는 얘기다

단비

각질 일으킨 땅
촉촉이 내릴 때
벌어진 입
하나 둘 다물 때
자연의 이치를 배운다

헐벗는 옷
누구 할 것 없이
제각각 멋 부리며
열매로 인사한다

내 마음은 단비
목마름을 적셔 주는 단비

비 오는 날

빗물은 내 마음을 아는지
아이가 되어
세상을 첨벙입니다

물 고인 웅덩이에
추억 심고
빗줄기 노래 실어
세상 밖에 보내면

천둥 소리 콩 볶고
너와 나
숨소리 들으며

기억은 향기로 남아
달빛이 가득할 때
하나씩 꺼내어
생각 위에 수를 놓으렵니다

가을

바람이 좋아
태양이 좋아
물들인 마음
사춘기 되고

가지 말라고 붙잡아도 떠나야 하는
이별 공부

숨어 있는 열매들
눈 마주치면 내것들
스산한 바람에 떠밀린다

다시 만날 땐
잊지 못할 추억
햇살 내릴 때
그립던 엄마
추억 만들어 띄워 보낸다

바다는

벗은 저무는 바다 같았다
가끔씩 가슴에
젖어드는 것은
마음이 정박된 부둣가 같았다

바다는 깊은 곳에 젖는다
수면 위로 피어오르면
우리들의 푸른 날
노란 별은 반짝이고 있었다

수평선 끝에
저무는 석양도
나이만큼
저물어 오는 것을 느꼈다

이내 서글퍼지고
저문 붉은 노을을 벗으니
바다엔 온통
별들만 반짝이고 있었다

마음이 그린 세월

뼈마디에 바람이 들어가 소리 나고
구석구석 비명 소리 외면하지만
이기지 못해 의학에 기대고서
사람 노릇한다

계절은 성큼 몸에 걸치면
이제야 내 나이 묻더라

뛰어온 자리
별거 없는데
보이지 않는 두려움
앞으로만 가는 것이 먹먹해
내려다보니
지나온 세월
빛 가득하더라

욕심

내려놓을 때 행복합니다
움켜쥐면 물집이 생겨
마디마디 후회로 가득합니다

어제는 웃었는데
오늘은 울고 있는 건
욕심이 가득 넘쳤기 때문입니다

나눌 때 행복한 건
비워지는 항아리
채울 수 있기에
칸칸에 가득 담아 봅니다

부족한 건 꿈이 커지고
넘치는 건
소중함을 볼 수 없어
눈을 멀게 하기 때문입니다

기쁜 이별

딸은 웃었습니다
엄마는 가슴으로 울고
아빠는 영혼을 주었습니다
동생도 그렇게 웃을 것입니다
그러나
끝내
웃을 수 없는 건
깊은 곳에 있는
내 감성입니다

아침을 밟는 사람들

여명을 밟는다
귓가에 들리는
발걸음 소리마다
예사롭지 않다

힘찬 소리가
멀어지면
또다시 오고 가는
삶이 고단해도
새 날을 꿈꾸며
굴곡진 길에
뿌려지는
이웃의 발자국

닳아버려
알아볼 수 없는
못난 모습
잊어버리고
눈 위에 찍힌
발자국 따라
옮겼던 마음으로
아침을 힘껏 밟는다

사랑하고 싶다

목이 쉬도록 그리운 사람
그리울 때 불러보고
사랑하고 싶을 때 사랑하고
미워할 때 미워하며
사랑하고 싶다

사랑은 아파야 하나
사랑이 서툴러
하트를 못 그려도
심장은 뛰고 있네

멀고도 먼 사람
표현이 서툴러
만지지 못해도
가슴에 머물러 있는 사람
그런, 사랑하고 싶다

뒤돌아선 그림자

사랑하면서
말 못하는 건
사랑할 수 없어서
벙어리되고

사랑하고도
마음 아픈 건
그 사람 마음
그리지 못해

사랑 그림
하나가 되는 것
그저 후회한다

그림자에게

가끔은 그리워
널 그리고
찡그린 얼굴
예쁘게 그려도
똑 같아
낮에는 어렴풋이 왔다가고
밤에는 숨바꼭질하는 너
보고 싶고나
그림자는 싫어
도망쳐도 따라오고
손잡고 걸어도
하나인 것을

행복의 근원

기억함이 고맙고
행복한 그 모습 고마워
그를 향해 웃을 수 있음이
바로 행복

보고 있으면 꿈이 생기고
멀리 있으면 생각이 살아나고
소리쳐도 울고 있어도
사랑이 솟아
온 세상 울려퍼져
메아리가 된다

마음 읽어줘

웃고 싶을 때 크게 웃게 해줘
슬플 때는 눈물 흘리게 하고
행복해서 세상 날아다닐 때
함께 여행도 하고
타고 있는 마음
쏟아 부을 때
담아 둘 수 있는
그릇이 필요해

너로 인하여

내가 울고 있는 건
너의 슬픔을 이미 알고 있기에

내가 웃고 있는 건
이미 행복을 나에게
주었기 때문이야

너도 마찬가지

사람 마음 같아
주면 행복하고

욕심이 파도 치면
더 좋고
주면 손해 같은 거

마음 비우면
풍요가 열매 열고
숨소리마저 익어간다

현실 앞에선
끝없는 전쟁과
마음 할퀸 자리엔
멍들어 버린 흔적

시울에 이슬 맺힐 때
포근히 내려온 마음
가슴으로 메말라 오고

여행길

땅 위에 천사
한 걸음 두 걸음
큰 길 작은 길 그린 얼굴
사춘기 되어 색칠하면
올라만 가는 치마 끝
여자는 그렇게
사춘기를 앓고 산다
세월의 흔적보다
가슴 설레던 소녀 시절
시계바늘은 멈추지 않고
머리 위에선 하얀 줄긋기
기다리지 않는 세월 좇아가며
화가는 꿈을 꾸고

갱년기 · 1

너와 난
왜 덜 여문 대화를 하고 있을까
얼마나 대화가 부족했으면
소식도 없이 오느냐

수없는 고민거리를 던져 놓고
생리적 현상이라 말하면
원망뿐이지

사춘기도 아닌데
마음이 흔들리는 건
너 때문이야

내 집인 양 둥지 틀고
떠날 생각을
잃어버린 너

이제야 알았네
사춘기는 피어나는 꽃이고

갱년기는 꽃이 피었다 지는
인생이라는 것을

갱년기 · 2

어제 내린 비로
기온 차이를 느끼듯
내 마음 한구석에도 몸살이 났다

신체적 변화로
짜증나는 날은
이유가 되지 않았다

너는 모를 거야
화를 낸 것을
너는 모를 거야
기분이 좋아진 것을

가끔은 떠나고 싶다
아주 저 멀리
두근거림의 가슴을 안고

힘겹게 싸워 승리해도
보이지 않는 것
허락 없이 찾아온
너 때문이야

갱년기 · 3

지나간 그 자리
보물 가득하다
내 것이 아닌데

손에 쥐었던 아픔은
빨갛게 물들어

깁스한 다리 하나
버려진 마음
걸어가는 모습은 모델

다시 태어나도
내 것이 아닌 것은
탐하지 말고
가진 것에 감사하고
아끼며
잠에서 깨어
날아가는 갱년기
그 자리는

상처보다
지혜를 남기고
추억 속 손을 흔들어 본다

한국작가 작품선 · 85

비밀의 문
모순하 제2시집

초판 1쇄 인쇄 · 2016년 11월 5일
초판 1쇄 발행 · 2016년 11월 10일

지은이 · 모순하
펴낸이 · 김영만
주 간 · 이현실

펴낸곳 · 한국작가출판부 **지성의샘**
등록번호 · 2011. 6. 8. 제301-2011-098호

주소 · 서울시 중구 을지로 14길 16-11 (2층)
편집부 · (02) 2285-0711
영업부 · (02) 2285-2734
팩 스 · (02) 338-2722
이메일 · gongamsa@hanmail.net

ⓒ 2016. 모순하, Printed in Korea

값 10,000원
ISBN 979-11-85468-51-8 03810

* 이 책은 성남시 문화예술발전기금 일부지원을
받아 제작되었습니다.

이 도서의 국립중앙도서관 출판예정도서목록(CIP)은 서지정보
유통지원시스템 홈페이지(http://seoji.nl.go.kr)와 국가자료공
동목록시스템(http://www.nl.go.kr/kolisnet)에서 이용하실
수 있습니다.(CIP제어번호: CIP2016025053)